São Cosme e São Damião

Biografia e novena

Mario Basacchi

São Cosme e São Damião

Biografia e novena

3ª edição – 2009
3ª reimpressão – 2017

Citações bíblicas: *Bíblia Sagrada* – tradução da CNBB, 2ª ed., 2002.

Editora responsável: *Celina Weschenfelder*
Equipe editorial

Nenhuma parte desta obra poderá ser reproduzida ou transmitida por qualquer forma e/ou quaisquer meios (eletrônico ou mecânico, incluindo fotocópia e gravação) ou arquivada em qualquer sistema ou banco de dados sem permissão escrita da Editora. Direitos reservados.

Paulinas

Rua Dona Inácia Uchoa, 62
04110-020 – São Paulo – SP (Brasil)
Tel.: (11) 2125-3500
http://www.paulinas.org.br – editora@paulinas.com.br
Telemarketing e SAC: 0800-7010081

© Pia Sociedade Filhas de São Paulo – São Paulo, 2003

Introdução

Deus criou o ser humano saudável e imune a toda espécie de doença, mas, com o pecado, vieram ao mundo o sofrimento e a morte. A partir desse momento, a humanidade, fragilizada e exposta a enfermidades, luta para debelar as epidemias e males que muito a prejudicam.

Hoje em dia, apesar dos extraordinários progressos alcançados pela medicina, há doenças que desafiam a ciência médica e resistem a qualquer tratamento. Hospitais e casas de saúde estão repletos. As pessoas acometidas por males incuráveis aguardam por um milagre, e um bom número delas apela para outros meios.

Muitos profissionais da saúde não levam a sério sua missão; no entanto, devemos reconhecer que a maioria dos médicos e cirurgiões é responsável e assume esta vocação como uma missão, espelhando-se no exemplo de seus santos padroeiros, são Cosme e são Damião.

Esses santos, apesar de terem vivido nos primeiros séculos do cristianismo, continuam presentes entre nós. E muitos de seus devotos têm recebido inúmeras graças e favores. Os santos irmãos e médicos, mártires da fé, como não cobravam nada dos pobres pelo seu trabalho, receberam o cognome de *anárgiros* (avessos ao dinheiro).

Nesta novena, peçamos aos dois santos gêmeos, Cosme e Damião, que os médicos e as instituições de saúde se preocupem menos com o lucro e desdobrem-se para promover a saúde e o bem-estar de seus pacientes e associados.

Breves traços biográficos

Não se tem certeza de quando e onde nasceram. Segundo a tradição da Igreja Católica e Grega, Cosme e Damião eram irmãos gêmeos, naturais da Arábia. Desde pequenos, foram educados por seus pais na religião cristã. Ambos estudaram medicina na Síria e, uma vez já médicos, passaram a exercê-la na Egéia, Cilícia e Ásia Menor. Praticavam a caridade e curavam em nome de Jesus Cristo. Missionários da Palavra de Deus, pregavam o Evangelho em todas as regiões que percorriam. Tanta atividade e as muitas conversões que conseguiam não passaram despercebidas aos inimigos da fé cristã. Denunciados pelo procônsul Lísias, foram submetidos a terríveis suplícios e depois degolados por ordem do imperador romano Diocleciano, possivelmente no ano 295.

Segundo alguns historiadores, os dois mártires foram sepultados em Ciro (Síria), onde foi erguida uma basílica em sua honra; mas há quem afirme que seus restos mortais foram transportados para Roma, durante o pontificado do papa são Félix.

Em pouco tempo o culto a esses mártires espalhou-se por toda a Europa, principalmente na Itália, França, Espanha e Portugal. Sabemos que o culto aos dois irmãos é muito antigo, pois no século V já existiam escritos sobre eles. Conta-se que, em certas igrejas, havia um óleo bento de são Cosme e são Damião, que tinha o poder de curar doenças e dar filhos às mulheres estéreis.

Em 1226, na cidade de Paris, fundou-se a "Confraria de São Cosme e São Damião", que reunia os cirurgiões, tornando-se a mais famosa associação médica da Europa. Foi extinta durante a Revolução Francesa.

No Brasil, a devoção foi trazida pelos portugueses, misturando-se mais tarde com o culto aos orixás-meninos da tradição africana. O resultado? Uma festa brasileira, que tem nas crianças os personagens principais.

Eles são padroeiros de Igaraçu (PE) e sua igreja, datada de 1530, uma das mais antigas de nosso país, foi reformada pelo Patrimônio Histórico Nacional, sendo considerada uma das principais relíquias da arte colonial brasileira.

Em virtude do costume, ditado pela própria segurança, o policiamento na cidade do Rio de Janeiro passou a ser feito por duplas de soldados. O povo começou a designar esses policiais de "Cosme e Damião". A alcunha simpática foi muito bem aceita no seio da corporação e os santos gêmeos, patronos dos cirurgiões e amigos das crianças, tornaram-se também patronos da Polícia Civil da Guanabara.

PRIMEIRO DIA

São Cosme e são Damião: amigos e protetores das crianças.

Em nome do Pai, do Filho e do Espírito Santo. Amém.

Oração inicial

Ó santos mártires, Cosme e Damião, que desde pequenos aprendestes a amar a Deus, olhai para as nossas crianças, sobretudo as abandonadas, exploradas, submetidas a toda sorte de violência. Enxugai suas lágrimas e tomai-as sob a vossa proteção.

Despertai em nós, adultos, a criança que cada um tem dentro de si, para que nos esforcemos em tratar com amor e carinho as crianças e tornar mais feliz a existência delas. Por Cristo nosso Senhor, que tanto amou os pequeninos. Amém.

Leitura bíblica

Jesus chamou uma criança, colocou-a no meio dos apóstolos e disse: "Em verdade vos digo, se não vos converterdes e não vos tornardes como crianças, não entrareis no Reino dos Céus. Quem se faz pequeno como esta criança, esse é o maior no Reino dos Céus. E quem acolher em meu nome uma criança como esta, estará acolhendo a mim mesmo" (Mt 18,2-5).

"Cuidado! Não desprezeis um só destes pequenos! Eu vos digo que os seus anjos, no céu, contemplam sem cessar a face do meu Pai que está nos céus" (Mt 18,10).

Reflexão

A Igreja pode ser comparada à terra fértil, onde o divino semeador lançou a boa semente. Nesta terra, "misericórdia e fidelidade se encontram, justiça e paz se abraçam. A fidelidade brota da terra e a justiça se inclina do céu. Quando o Senhor conceder o seu bem, a nossa terra dará seu fruto. Diante dele caminhará a justiça, e a salvação seguirá seus passos" (Sl 85,11-14).

Todavia, há sempre aquele que, por inveja, ganância ou ainda por simples ignorância, procura espalhar o joio do temor, da injustiça, da insubordinação, da exploração infantil. Por isso, não é de se estranhar que na vida e nas obras dos dois santos mártires, Cosme e Damião, surgiram lendas, confundindo-os com orixás meninos Ibeji, pelos seguidores do candomblé e chamados Dois Dois por outros grupos.

De todas essas histórias permanece o que é melhor: a valorização das crianças. Aqui no Brasil, o dia de são Cosme e são Damião é muito celebrado por elas, que, além de ganharem doces e balas, podem contar com a proteção e a assistência deles.

Oração final

Santos e gloriosos mártires Cosme e Damião, aceitando o martírio, destes testemunho de fé e de caridade, imitando o próprio Jesus, que deu sua vida em favor dos irmãos e irmãs.

Vivemos num mundo cheio de ódio, de egoísmo e de ganância. Estamos expostos a todo tipo de doença e de tentação, por isso precisamos muito de vossa proteção para manter-nos firmes na fé. Concedei-nos a graça de testemunhar Jesus por meio da nossa vida cotidiana e da fidelidade na vivência do Evangelho.

Pelos méritos de Jesus Cristo, alcançai-nos hoje as graças de que tanto necessitamos (*fazer o pedido*). Amém.

Pai-Nosso, Ave-Maria, Glória-ao-Pai.
São Cosme e são Damião, rogai por nós.

SEGUNDO DIA

São Cosme e são Damião: modelos e protetores dos médicos e cirurgiões.

Em nome do Pai, do Filho e do Espírito Santo. Amém.

Oração inicial

Senhor Jesus, fazei de cada um de nós e de todos os profissionais da saúde instrumentos de vossa caridade, para que possamos levar conforto e alívio a tantos de nossos irmãos e irmãs atingidos por graves doenças.

Pela intercessão de vossos fiéis servidores, os santos médicos Cosme e Damião, livrai-nos de todo mal espiritual e físico. Amém.

Leitura bíblica

"Ninguém pode servir a dois senhores: ou vai odiar o primeiro e amar o outro, ou aderir ao primeiro e desprezar o outro. Não podeis servir a Deus e ao dinheiro!" (Mt 6,24).

"Curai doentes, ressuscitai mortos, purificai leprosos, expulsai demônios. De graça recebestes, de graça deveis dar!" (Mt 10,8).

Reflexão

Segundo a tradição, os dois irmãos, após terem estudado medicina, passaram a percorrer a Síria e toda a Ásia Menor, curando não apenas as pessoas, mas também animais. Em grego, eram chamados *anárgiros*, isto é, sem dinheiro. Hoje em dia, a medicina é sucateada. Falsificam-se os remédios, multiplicam-se operações desnecessárias, como as cesarianas, não se toma providência contra o escandaloso comércio de órgãos humanos. Médicos e cirurgiões deveriam espelhar-se no exemplo desses santos médicos e lutar para promover a saúde e o bem-estar do povo.

Oração final

Santos e gloriosos mártires Cosme e Damião, aceitando o martírio, destes testemunho de fé e de caridade, imitando o próprio Jesus, que deu sua vida em favor dos irmãos e irmãs.

Vivemos num mundo cheio de ódio, de egoísmo e de ganância. Estamos expostos a todo tipo de doença e de tentação, por isso precisamos muito de vossa proteção para manter-nos firmes na fé. Concedei-nos a graça de testemunhar Jesus por meio da nossa vida cotidiana e da fidelidade na vivência do Evangelho.

Pelos méritos de Jesus Cristo, alcançai-nos hoje as graças de que tanto necessitamos (*fazer o pedido*). Amém.

Pai-Nosso, Ave-Maria, Glória-ao-Pai.
São Cosme e são Damião, rogai por nós.

TERCEIRO DIA

São Cosme e são Damião: saúde dos enfermos.

Em nome do Pai, do Filho e do Espírito Santo. Amém.

Oração inicial

Santos Cosme e Damião, nossos poderosos padroeiros, que passastes pelo mundo fazendo o bem, curando as enfermidades e aliviando os sofrimentos de tantos doentes, infundi confiança e esperança nos corações atribulados.

Volvei para nós um olhar de compaixão e socorrei nossos enfermos, especialmente os esquecidos nos hospitais e asilos. Que a nossa fé não desfaleça diante das provações da vida e que aceitemos a morte como passagem necessária para vos encontrarmos na glória. Por Jesus Cristo, Nosso Senhor. Amém.

Leitura bíblica

"Ao anoitecer, levaram a Jesus muitos possessos. Ele expulsou os espíritos pela palavra e curou todos os doentes. Assim se cumpriu o que foi dito pelo profeta Isaías: 'Ele assumiu as nossas dores e carregou as nossas enfermidades'" (Mt 8,16-17).

"Ela (a mulher que sofria de hemorragia) pensava consigo: 'Se eu conseguir ao menos tocar no seu manto, ficarei curada'. Jesus voltou-se e, ao vê-la, disse: 'Coragem, filha! A tua fé te salvou'. E a mulher ficou curada a partir daquele instante" (Mt 9,21-22).

Reflexão

Ao coxo de nascença que lhe pedia esmola, Pedro disse: "Não tenho ouro nem prata, mas o que tenho eu te dou:

em nome de Jesus Cristo, o Nazareno, levanta-te e anda". E tomando-o pela mão direita, Pedro o levantou (At 3,6-7a).

No exercício da medicina, os dois irmãos, Cosme e Damião, percorreram a Síria e a Ásia Menor, pregando o Evangelho e curando toda enfermidade em nome de Jesus Cristo, sem querer retribuição.

Conta-se que um dia, após grande insistência de uma senhora que acabara de curar, e para não a humilhar, Damião aceitou uma pequena oferta. Cosme reprovou tal atitude dizendo que, ao morrer, não queria ser sepultado com seu irmão. Mas os dois foram sepultados juntos na Igreja que leva seus nomes.

Oração final

Santos e gloriosos mártires Cosme e Damião, aceitando o martírio, destes testemunho de fé e de caridade, imitando o próprio Jesus, que deu sua vida em favor dos irmãos e irmãs.

Vivemos num mundo cheio de ódio, de egoísmo e de ganância. Estamos expostos a todo tipo de doença e de tentação, por isso precisamos muito de vossa proteção para manter-nos firmes na fé. Concedei-nos a graça de testemunhar Jesus por meio da nossa vida cotidiana e da fidelidade na vivência do Evangelho.

Pelos méritos de Jesus Cristo, alcançai-nos hoje as graças de que tanto necessitamos (*fazer o pedido*). Amém.

Pai-Nosso, Ave-Maria, Glória-ao-Pai.

São Cosme e são Damião, rogai por nós.

QUARTO DIA

São Cosme e são Damião: mártires da fé.

Em nome do Pai, do Filho e do Espírito Santo. Amém.

Oração inicial

Santos e gloriosos mártires Cosme e Damião, temos a certeza de que, como prêmio aos vossos merecimentos, o justo e misericordioso Deus vos reservou uma grande glória e um grande poder no céu, a fim de que possais proteger os vossos devotos aqui na Terra.

Ajudai as pessoas que sofrem injustamente, as que são perseguidas por causa do Evangelho em qualquer parte do mundo, com muita coragem e esperança. Confirmai-nos na fé, tornai-nos fortes na perseguição, para não desanimarmos se um dia algum tipo de sofrimento entrar em nossa vida. Por nosso Senhor Jesus Cristo, na unidade do Pai e do Espírito Santo. Amém.

Leitura bíblica

"Por minha causa, sereis levados diante dos governadores e reis, de modo que dareis testemunho diante deles e diante dos pagãos" (Mt 10,18).

"Quanto a vós, até os cabelos da cabeça estão todos contados. Não tenhais medo!... Todo aquele, pois, que se declarar por mim diante dos homens, também eu me declararei por ele diante do meu Pai que está nos céus" (Mt 10,30-32).

Reflexão

Os santos médicos eram muito estimados e solicitados pela comunidade cristã. Por onde passavam curavam os doentes e evangelizavam. As autoridades surpreendiam-se cada dia mais ao verem tanta atividade e adesão das pessoas ao cristianismo. A inveja começou a tomar conta dos pagãos, que os denunciaram. Cosme e Damião foram presos, torturados e degolados por ordem do imperador romano Diocleciano.

A firmeza e a convicção cristã no momento de enfrentarem o martírio despertou a fé em muitos pagãos e confirmou os cristãos vacilantes.

Com o nosso batismo, comprometemo-nos a seguir Jesus e testemunhá-lo com a nossa vida. Talvez não sejamos chamados, como Cosme e Damião, a derramar nosso sangue para professar a nossa fé, mas podemos aceitar o martírio do nosso dever cotidiano, no cumprimento dos preceitos do Evangelho. Confiando na graça de Deus e na proteção desses mártires, combatamos o bom combate, conservando a fé até o fim, na espera da coroa eterna.

Oração final

Santos e gloriosos mártires Cosme e Damião, aceitando o martírio, destes testemunho de fé e de caridade, imitando o próprio Jesus, que deu sua vida em favor dos irmãos e irmãs.

Vivemos num mundo cheio de ódio, de egoísmo e de ganância. Estamos expostos a todo tipo de doença e de tentação, por isso precisamos muito de vossa proteção para manter-nos firmes na fé. Concedei-nos a graça de testemunhar Jesus por meio da nossa vida cotidiana e da fidelidade na vivência do Evangelho.

Pelos méritos de Jesus Cristo, alcançai-nos hoje as graças de que tanto necessitamos (*fazer o pedido*). Amém.

Pai-Nosso, Ave-Maria, Glória-ao-Pai.
São Cosme e são Damião, rogai por nós.

QUINTO DIA

São Cosme e são Damião: exemplos e protetores da Guarda Civil.

Em nome do Pai, do Filho e do Espírito Santo. Amém.

Oração inicial

Santos e gloriosos mártires Cosme e Damião, que experimentastes o impacto da violência brutal e fostes atingidos por tão grandes sofrimentos. Olhai para o nosso mundo tão violento, tão agressivo e perigoso.

Por vosso poder intercessor, livrai-nos do medo que nos perturba e apavora. Livrai nossas casas, famílias e todas as pessoas dos assaltos e da violência. Protegei os soldados, que expõem a própria vida para garantir a ordem e a segurança. Por Jesus Cristo, Nosso Senhor, que vive e reina em todos os corações. Amém.

Leitura bíblica

"Acabaram do país as pessoas de bem, ninguém há que seja honesto, estão todos de tocaia para matar, cada qual com sua armadilha para caçar o irmão. Eles têm mãos habilidosas para a injustiça: o comandante solicita, o juiz vai pela propina, o grande manifesta o seu preço. Ai dos corruptos!" (Mq 7,2-3).

"Ouvistes que foi dito: 'Olho por olho e dente por dente!'. Ora, eu vos digo: não ofereçais resistência ao malvado! Pelo contrário, se alguém te bater na face direita, oferece-lhe também a esquerda!" (Mt 5,38-39).

Reflexão

Como os discípulos que Jesus Cristo enviou, dois a dois, para evangelizar, os irmãos Cosme e Damião percorriam vilas e cidades pregando, curando, espalhando a caridade em todos os corações.

Sofremos hoje muitas dificuldades, vivemos aterrorizados com a violência em toda parte, e a voz do profeta Miquéias ecoa forte contra a corrupção.

A corporação da Guarda Civil da Guanabara, estado que enfrenta a violência em todas as suas formas, escolheu os santos Cosme e Damião como modelos de integridade e protetores. Mais do que nunca, eles, como nós, precisam da ajuda e da proteção dos dois mártires, para que sejam protegidos contra a violência e saibam perdoar a quem os persegue. Rezando com fé, certamente voltará a reinar a ordem e a paz em nossas cidades.

Oração final

Santos e gloriosos mártires Cosme e Damião, aceitando o martírio, destes testemunho de fé e de caridade, imitando o próprio Jesus, que deu sua vida em favor dos irmãos e irmãs.

Vivemos num mundo cheio de ódio, de egoísmo e de ganância. Estamos expostos a todo tipo de doença e de tentação, por isso precisamos muito de vossa proteção para manter-nos firmes na fé. Concedei-nos a graça de testemunhar Jesus por meio da nossa vida cotidiana e da fidelidade na vivência do Evangelho.

Pelos méritos de Jesus Cristo, alcançai-nos hoje as graças de que tanto necessitamos (*fazer o pedido*). Amém.

Pai-Nosso, Ave-Maria, Glória-ao-Pai.
São Cosme e são Damião, rogai por nós.

SEXTO DIA

São Cosme e são Damião: protetores de nossas cidades.

Em nome do Pai, do Filho e do Espírito Santo. Amém.

Oração inicial

Ó Deus, Pai Todo-poderoso, que tendes manifestado em diversas ocasiões a valia dos santos mártires Cosme e Damião contra epidemias, pestes e doenças, e também contra a violência urbana, vos suplicamos, pelo sangue derramado por eles, que sejamos defendidos dessas enfermidades. Afastai de nós a ameaça de uma nova guerra nuclear. Olhai com bondade a população mais carente, especialmente as crianças inocentes. Dai para todos teto e pão. Nós vo-lo pedimos por Nosso Senhor Jesus Cristo. Amém.

Leitura bíblica

"Que toda a terra respeite o Senhor... Feliz a nação cujo Deus é o Senhor, o povo que escolheu para si como herança" (Sl 33,8.12).

"Põe no Senhor tuas delícias e ele te dará o que teu coração pede. Entrega ao Senhor o teu futuro, espera nele, que ele vai agir" (Sl 37,4-5).

"Jesus começou a censurar as cidades nas quais tinha sido realizada a maior parte de seus milagres, porque não se converteram" (Mt 11,20).

Reflexão

Realmente é feliz a nação e a cidade que deposita sua confiança no Senhor. Mais feliz é aquela cidade que crê e acolhe o Senhor, como seu mestre e guia.

Jesus não nos deixou órfãos e sem proteção ao partir para a casa do Pai; ele continua no meio de nós. Em todos os tempos, envia profetas, missionários e suscita santos, que se tornam nossos modelos e protetores. Muitas cidades do mundo escolheram a proteção dos santos Cosme e Damião.

Desde 1530, quando foi erguida a primeira igreja em honra dos mártires, o povo de Igaraçu (PE) é testemunha das graças e favores obtidos por meio deles. Os painéis da igreja contam a história da peste que assolou as cidades do Recife, Olinda e Goiânia, enquanto Igaraçu foi poupada, graças à proteção de são Cosme e são Damião.

Se atualmente a peste é muito remota, bem real é o sofrimento de nossas cidades com a degradação ambiental e moral e a violência que assusta o povo. Portanto, mais do que nunca precisamos da proteção dos santos Cosme e Damião.

Oração final

Santos e gloriosos mártires Cosme e Damião, aceitando o martírio deste testemunho de fé e de caridade, imitando o próprio Jesus, que deu sua vida em favor dos irmãos e irmãs.

Vivemos num mundo cheio de ódio, de egoísmo e de ganância. Estamos expostos a todo tipo de doença e de tentação, por isso precisamos muito de vossa proteção para manter-nos firmes na fé. Concedei-nos a graça de testemunhar Jesus por meio da nossa vida cotidiana e da fidelidade na vivência do Evangelho.

Pelos méritos de Jesus Cristo, alcançai-nos hoje as graças de que tanto necessitamos (*fazer o pedido*). Amém.

Pai-Nosso, Ave-Maria, Glória-ao-Pai.
São Cosme e são Damião, rogai por nós.

SÉTIMO DIA

São Cosme e são Damião: protetores da família.

Em nome do Pai, do Filho e do Espírito Santo. Amém.

Oração inicial

Ó Deus, de quem procede toda paternidade no céu e na Terra. Pai, que sois Amor e Vida, fazei com que cada família humana sobre a Terra se converta por meio do vosso Filho Jesus Cristo, "nascido de mulher", e do Espírito Santo, fonte de caridade divina, em verdadeiro santuário da vida e do amor para as gerações que sempre se renovam.

Que vossa graça guie os esposos para o bem de suas famílias; que as gerações jovens encontrem na família um forte apoio para o seu crescimento na verdade e no amor. Que o amor, reafirmado pelo sacramento do matrimônio, se revele mais forte do que qualquer crise, pelas quais, às vezes, passam nossas famílias.

Finalmente vos pedimos, com as palavras do papa João Paulo II: "Por intercessão da Sagrada Família de Nazaré, que a Igreja em todas as nações da Terra possa cumprir sua missão na família e por meio da família. Vós que sois a Vida, a Verdade e o Amor, na unidade do Espírito Santo". Amém.

Leitura bíblica

Tobit disse ao filho Tobias: "Filho, quando eu tiver morrido, sepulta-me como convém e honra tua mãe. Não a abandones em todos os dias de tua vida e faze o que lhe agrada. Não entristeças o seu espírito em coisa alguma. Lembra-te dela, filho, que passou muitos perigos por tua causa quando estavas no seu seio" (Tb 4,3-4a).

Reflexão

Desde pequenos, Cosme e Damião foram educados na fé cristã. Seus pais fizeram de tudo para que crescessem, como o menino Jesus, em idade e sabedoria. Preocuparam-se com seu futuro, por isso, cuidaram em lhes dar uma formação sólida, encaminhando-os para os estudos da medicina. Os dois irmãos gêmeos não desperdiçaram o seu tempo e não decepcionaram seus pais. Foram ótimos profissionais. Com os pais aprenderam a rezar e a servir os irmãos mais carentes; eram a alegria e a coroa de seus pais.

Hoje, temos muitas dificuldades na convivência familiar e algumas vezes, por pequenas desavenças, os pais se separam e os filhos são abandonados. Que a graça do sacramento do matrimônio continue a manter acesa a chama do respeito e do amor mútuo em todos os nossos lares. Onde está Deus, permanece o amor.

Oração final

Santos e gloriosos mártires Cosme e Damião, aceitando o martírio, destes testemunho de fé e de caridade, imitando o próprio Jesus, que deu sua vida em favor dos irmãos e irmãs.

Vivemos num mundo cheio de ódio, de egoísmo e de ganância. Estamos expostos a todo tipo de doença e de tentação, por isso precisamos muito de vossa proteção para manter-nos firmes na fé. Concedei-nos a graça de testemunhar Jesus por meio da nossa vida cotidiana e da fidelidade na vivência do Evangelho.

Pelos méritos de Jesus Cristo, alcançai-nos hoje as graças de que tanto necessitamos (*fazer o pedido*). Amém.

Pai-Nosso, Ave-Maria, Glória-ao-Pai.
São Cosme e são Damião, rogai por nós.

OITAVO DIA

São Cosme e são Damião: promotores da unidade da Igreja.

Em nome do Pai, do Filho e do Espírito Santo. Amém.

Oração inicial

Senhor Jesus, Filho Unigênito de Deus, que fostes enviado ao mundo pelo Pai, a fim de que, feito homem, resgatásseis todo o gênero humano para regenerá-lo e unificá-lo.

Antes de derramar o vosso preciosíssimo sangue no altar da cruz, como hóstia imaculada, rogastes ao Pai em favor dos que crêem, dizendo: "Faze, ó Pai, que todos sejam um, como tu, Pai, estás em mim, e eu em ti. Que eles estejam em nós, a fim de que o mundo creia que tu me enviaste" (Jo 17,21).

Com muita fé e confiança, vos pedimos, Senhor Jesus, por intercessão de vossos santos mártires, Cosme e Damião, que se concretize, o quanto antes, a unidade entre todos os cristãos. Amém.

Leitura bíblica

"Pai Santo, guarda-os em teu nome, o nome que me deste, para que eles sejam um, como nós somos um... Que todos sejam um, como tu, Pai, estás em mim, e eu em ti. Que eles estejam em nós, a fim de que o mundo creia que tu me enviaste" (Jo 17,11b.21).

"Eu sou o bom pastor. Conheço minhas ovelhas e elas me conhecem, assim como o Pai me conhece e eu conheço o Pai. Eu dou minha vida pelas ovelhas. Tenho ainda outras ovelhas, que não são deste redil; também a essas devo conduzir, e elas escutarão a minha voz, e haverá um só rebanho e um só pastor" (Jo 10,14-16).

Reflexão

Na época em que viviam os santos mártires Cosme e Damião, as Igrejas ocidental e oriental formavam uma só Igreja. Era como Jesus Cristo desejava e orou: "Um só rebanho e um só pastor". Os principais dogmas da nossa fé foram definidos e proclamados nos concílios ecumênicos, celebrados no Oriente.

Com o passar dos tempos, por problemas políticos e questões dogmáticas, a unidade da Igreja foi quebrada. A partir do Concílio Vaticano II, houve um movimento para a aproximação e união de todos os cristãos, movimento esse que recebeu o nome de ecumenismo.

Os santos Cosme e Damião, apesar de terem nascido e desenvolvido sua atividade no Oriente, são venerados tanto na Igreja latina como na greco-oriental.

Oração final

Santos e gloriosos mártires Cosme e Damião, aceitando o martírio, destes testemunho de fé e de caridade, imitando o próprio Jesus, que deu sua vida em favor dos irmãos e irmãs.

Vivemos num mundo cheio de ódio, de egoísmo e de ganância. Estamos expostos a todo tipo de doença e de tentação, por isso precisamos muito de vossa proteção para manter-nos firmes na fé. Concedei-nos a graça de testemunhar Jesus por meio da nossa vida cotidiana e da fidelidade na vivência do Evangelho.

Pelos méritos de Jesus Cristo, alcançai-nos hoje as graças de que tanto necessitamos (*fazer o pedido*). Amém.

Pai-Nosso, Ave-Maria, Glória-ao-Pai.
São Cosme e são Damião, rogai por nós.

NONO DIA

São Cosme e são Damião: glória e esplendor da Igreja.

Em nome do Pai, do Filho e do Espírito Santo. Amém.

Oração inicial

Deus, Pai e Senhor nosso, com vossos anjos e santos, vos adoramos e vos glorificamos. E com os vossos santos mártires repetimos sem fim: "Santo, Santo, Santo, Senhor, Deus do universo! O céu e a Terra proclamam a vossa glória. Hosana nas alturas! Bendito o que vem em nome do Senhor!".

Humildemente vos suplicamos, ó Pai, que, seguindo o exemplo dos santos mártires Cosme e Damião e sustentados por eles, possamos suportar os sofrimentos da presente vida e conservar a fé, na esperança de podermos vos glorificar com eles por toda a eternidade. Por Jesus Cristo, Nosso Senhor. Amém.

Leitura bíblica

O senhor, que havia viajado para o estrangeiro, disse a seu servo: "Parabéns, servo bom e fiel! Como te mostraste fiel na administração de tão pouco, eu te confiarei muito mais. Vem participar da alegria de teu senhor!" (Mt 25,21).

"Depois disso, vi uma multidão imensa, que ninguém podia contar, gente de todas as nações, tribos, povos e línguas. Estavam de pé diante do trono do Cordeiro; vestiam túnicas brancas e traziam palmas na mão. Todos proclamavam com voz forte: 'A salvação pertence ao nosso Deus, que está sentado no trono, e ao Cordeiro'" (Ap 7,9-10).

Reflexão

Na oração do credo, proclamamos a unidade e a santidade da Igreja. Toda mãe que vê seus filhos vencerem na vida fica orgulhosa e se sente recompensada pelos sacrifícios sofridos. Assim, também a nossa Santa Mãe Igreja, quando eleva seus filhos à glória dos altares, para servir de exemplo e iluminar o nosso caminho rumo ao Pai, se sente glorificada e recompensada.

São Cosme e são Damião honraram a Igreja durante a sua passagem nesta Terra e a exaltam, agora, na glória de Deus.

A Igreja exorta-nos a render graças a Deus por eles, a invocá-los com súplicas e por intercessão deles obter as graças e favores de que necessitamos, por meio de Jesus, o Filho de Deus, nosso Salvador e Redentor.

Oração final

Santos e gloriosos mártires Cosme e Damião, aceitando o martírio, destes testemunho de fé e de caridade, imitando o próprio Jesus, que deu sua vida em favor dos irmãos e irmãs.

Vivemos num mundo cheio de ódio, de egoísmo e de ganância. Estamos expostos a todo tipo de doença e de tentação, por isso precisamos muito de vossa proteção para manter-nos firmes na fé. Concedei-nos a graça de testemunhar Jesus por meio da nossa vida cotidiana e da fidelidade na vivência do Evangelho.

Pelos méritos de Jesus Cristo, alcançai-nos hoje as graças de que tanto necessitamos (*fazer o pedido*). Amém.

Pai-Nosso, Ave-Maria, Glória-ao-Pai.
São Cosme e são Damião, rogai por nós.

NOSSAS DEVOÇÕES
(Origem das novenas)

De onde vem a prática católica das novenas? Entre outras, podemos dar duas respostas: uma histórica, outra alegórica.

Historicamente, na Bíblia, no início do livro dos Atos dos Apóstolos, lê-se que, passados quarenta dias de sua morte na Cruz e de sua ressurreição, Jesus subiu aos céus, prometendo aos discípulos que enviaria o Espírito Santo, que lhes foi comunicado no dia de Pentecostes.

Entre a ascensão de Jesus ao céu e a descida do Espírito Santo, passaram-se nove dias. A comunidade cristã ficou reunida em torno de Maria, de algumas mulheres e dos apóstolos. Foi a primeira novena cristã. Hoje, ainda a repetimos todos os anos, orando, de modo especial, pela unidade dos cristãos. É o padrão de todas as outras novenas.

A novena é uma série de nove dias seguidos em que louvamos a Deus por suas maravilhas, em particular, pelos santos, por cuja intercessão nos são distribuídos tantos dons.

Alegoricamente, a novena é antes de tudo um ato de louvor ao Pai, ao Filho e ao Espírito Santo, Deus três vezes Santo. Três é número perfeito. Três vezes três, nove. A novena é louvor perfeito à Trindade. A prática de nove dias de oração, louvor e súplica confirma de maneira extraordinária nossa fé em Deus que nos salva, por intermédio de Jesus, de Maria e dos santos.

O Concílio Vaticano II afirma: "Assim como a comunhão cristã entre os que caminham na terra nos aproxima mais de Cristo, também o convívio com os santos nos une a Cristo, fonte e cabeça de que provêm todas as graças e a própria vida do povo de Deus" (*Lumen Gentium*, 50).

Nossas Devoções procura alimentar o convívio com Jesus, Maria e os santos, para nos tornarmos cada dia mais próximos de Cristo, que nos enriquece com os dons do Espírito e com todas as graças de que necessitamos.

Francisco Catão

Coleção Nossas Devoções

- *A Senhora da Piedade*. Setenário das dores de Maria – Aparecida Matilde Alves
- *Dulce dos Pobres*. Novena e biografia – Marina Mendonça
- *Frei Galvão*. Novena e história – Pe. Paulo Saraiva
- *Imaculada Conceição*. Novena ecumênica – Francisco Catão
- *Jesus, Senhor da vida*. Dezoito orações de cura – Francisco Catão
- *João Paulo II*. Novena, história e orações – Aparecida Matilde Alves
- *João XXIII*. Biografia e novena – Marina Mendonça
- *Maria, Mãe de Jesus e Mãe da humanidade*. Novena e coroação de Nossa Senhora – Aparecida Matilde Alves
- *Menino Jesus de Praga*. História e novena – Giovanni Marques
- *Nhá Chica*. Novena, história e orações – Aparecida Matilde Alves
- *Nossa Senhora Achiropita*. Novena e biografia – Antonio S. Bogaz e Rodinei Thomazella
- *Nossa Senhora Aparecida*. História e novena – Maria Belém
- *Nossa Senhora da Cabeça*. História e novena – Mario Basacchi
- *Nossa Senhora da Luz*. Novena e história – Maria Belém
- *Nossa Senhora da Penha*. Novena e história – Maria Belém
- *Nossa Senhora da Salete*. História e novena – Aparecida Matilde Alves
- *Nossa Senhora das Graças ou Medalha Milagrosa*. Novena e origem da devoção – Mario Basacchi
- *Nossa Senhora de Caravaggio*. História e novena – Pe. Volmir Comparin e Dom Leomar Antônio Brustolin
- *Nossa Senhora de Fátima*. Novena – Tarcila Tommasi
- *Nossa Senhora de Guadalupe*. Novena e história das aparições a São Juan Diego – Maria Belém
- *Nossa Senhora de Lourdes*. – Tarcila Tommasi
- *Nossa Senhora de Nazaré*. Novena e história – Maria Belém
- *Nossa Senhora Desatadora dos Nós*. História e novena – Frei Zeca
- *Nossa Senhora do Bom Parto*. Novena e reflexões bíblicas – Mario Basacchi
- *Nossa Senhora do Carmo*. Novena e história – Maria Belém
- *Nossa Senhora do Desterro*. História e novena – Celina H. Weschenfelder

- *Nossa Senhora do Perpétuo Socorro*. História e novena – Mario Basacchi
- *Nossa Senhora Rainha da Paz*. História e novena – Celina Helena Weschenfelder
- *Novena à Divina Misericórdia*. Santa Maria Faustina Kowaslka, história e orações – Tarcila Tommasi
- *Novena a Nossa Senhora de Lourdes* – Tarcila Tommasi
- *Novena das Rosas. História e novena a Santa Teresinha do Menino Jesus* – Aparecida Matilde Alves
- *Novena em honra ao Senhor Bom Jesus* – Pe. José Ricardo Zonta
- *Ofício da Imaculada Conceição. Orações, hinos e reflexões* – Cristóvão Dworak
- *Orações do cristão. Preces diárias* – Celina H. Weschenfelder (org.)
- *Padre Pio*. Novena e história – Maria Belém
- *Paulo, homem de Deus. Novena de São Paulo, Apóstolo* – Francisco Catão
- *Reunidos pela força do Espírito Santo. Novena de Pentecostes* – Tarcila Tommasi
- *Rosário por uma transformação espiritual e psicológica* – Gustavo E. Jamut
- *Rosário dos enfermos* – Aparecida Matilde Alves
- *Sagrada face. História, novena e devocionário* – Giovanni Marques
- *Sagrada Família*. Novena – Pe. Paulo Saraiva
- *Sant'Ana*. Novena e história – Maria Belém
- *Santa Cecília*. Novena e história – Frei Zeca
- *Santa Edwiges*. Novena e biografia – J. Alves
- *Santa Filomena*. História e novena – Mario Basacchi
- *Santa Joana d'Arc*. Novena e biografia – Francisco de Castro
- *Santa Luzia*. Novena e biografia – J. Alves
- *Santa Maria Goretti. História e novena* – Pe. José Ricardo Zonta
- *Santa Paulina*. Novena e biografia – J. Alves
- *Santa Rita de Cássia*. Novena e biografia – J. Alves
- *Santa Teresa de Calcutá*. Biografia e novena – Celina H. Weschenfelder

- *Santa Teresinha do Menino Jesus.* Novena e biografia – Mario Basacchi
- *Santo Afonso de Ligório.* Novena e biografia – Mario Basacchi
- *Santo Antônio.* Novena, trezena e responsório – Mario Basacchi
- *Santo Expedito.* Novena e dados biográficos – Francisco Catão
- *São Benedito.* Novena e biografia – J. Alves
- *São Bento.* História e novena – Francisco Catão
- *São Brás. História e novena* – Celina H. Weschenfelder
- *São Cosme e São Damião.* Biografia e novena – Mario Basacchi
- *São Cristóvão.* História e novena – Pe. Mário José Neto
- *São Francisco de Assis.* Novena e biografia – Mario Basacchi
- *São Geraldo Majela.* Novena e biografia – J. Alves
- *São Guido Maria Conforti.* Novena e biografia – Gabriel Guarnieri
- *São José.* História e novena – Aparecida Matilde Alves
- *São Judas Tadeu.* História e novena – Maria Belém
- *São Marcelino Champagnat.* Novena e biografia – Ir. Egídio Luiz Setti
- *São Miguel Arcanjo.* Novena – Francisco Catão
- *São Pedro, Apóstolo.* Novena e biografia – Maria Belém
- *São Roque. Novena e biografia* – Roseane Gomes Barbosa
- *São Sebastião.* Novena e biografia – Mario Basacchi
- *São Tarcísio.* Novena e biografia – Frei Zeca
- *São Vito, mártir.* História e novena – Mario Basacchi
- *Tiago Alberione.* Novena e biografia – Maria Belém

Impresso na gráfica da
Pia Sociedade Filhas de São Paulo
Via Raposo Tavares, km 19,145
05577-300 - São Paulo, SP - Brasil - 2017